Dieses Buch gehört

....

Liebe Eltern,

wir wollen Ihr Kind beim Lesenlernen unterstützen, und zwar mit spannenden und lustigen Geschichten.

Unsere Bücher mit der liebenswerten Bildermaus begleiten Ihren Sohn oder Ihre Tochter durch die Vorschule. Sie enthalten kurze Geschichten mit einfachen Sätzen sowie großer und leicht lesbarer Schrift. Hauptwörter werden durch kleine Bilder ersetzt. Lesen Sie die Geschichten vor und lassen Sie Ihr Kind die Bilder selbst benennen. Am Ende finden Sie eine Bild-Wörterliste mit den einzelnen Bedeutungen. Viele bunte Illustrationen sorgen außerdem für Lesepausen und helfen, die Geschichte zu verstehen.

So wird der Spaß am Lesen geweckt, und Ihr Kind wird ganz nebenbei von der Bildermaus zum echten Leselöwen!

Ihre

Bildermaus

Bildermaus

THiLO

Feuerwehrgeschichten

Illustriert von Michael Böhm

Loewe

Ihre Meinung zählt!

Nehmen Sie jetzt an einer kurzen Elternbefragung des Loewe Verlags teil und beeinflussen Sie die zukünftige Entwicklung unserer Kinderbücher:

www.elternbefragung.online

FSC
www.fsc.org
MIX
Papier | Fördert gute Waldnutzung
FSC® C018236

Klimaneutral
Druckprodukt
ClimatePartner.com/18521-2202-1001

ISBN 978-3-7432-0910-7
2. Auflage 2023

Umschlag- und Innenillustrationen: Michael Böhm
Umschlaggestaltung: Kathrin Tobian
Vignetten Bildermaus: Angelika Stubner
Reihenlogo nach einem Entwurf von Angelika Stubner
Printed in the EU

www.bildermaus.de

Inhalt

Einsatz in der Nacht

Mario ist . Heute  sitzt
er mit den anderen  in
der . Ralf bringt allen .

Ralf ist der wichtigste ,
er wird  genannt. „Eine
ruhige  wünsche ich euch“,
sagt Ralf.

Doch da klingelt das .

„Die  für  brennt!“, ruft eine  ins . Schon heult die . Alle  rutschen an einer 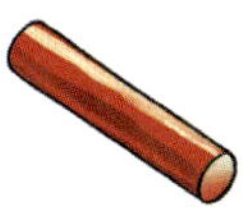 in die . Das geht viel schneller als auf einer .

In der  stehen die .

Mario fährt in einem großen 

mit. Dann rasen sie mit 

zur . Noch zwei weitere 

sind bei ihnen. Ein  mit

sechs .

Und ganz vorne der  mit

drei  und Ralf. Alle 

zusammen nennt man einen .

Mit quietschenden  hält der

ganze  vor der .

Bis zum  weht der .

Mario rollt den  aus. Im  von seinem großen  hat er so viel  wie vierzig . „Also:  marsch!“, ruft  Ralf. Mario hält den  auf das  der .

Es zischt wie ein . Ralf schlägt das  mit einer  ein. Dann läuft Mario mit dem  hinein. Andere  folgen ihm.

Als die  aufgeht, ist das  gelöscht.

„Gut gemacht“, lobt Ralf. Der ,

dem die  gehört, bedankt

sich auch. „Ihr seid echt tolle “,

sagt er und kann sogar ein

bisschen lachen.

Feuerwehrfrau Lena

Lena ist mit ihren  auf der . Die  zeigen allen, wie sie arbeiten. Lena darf in das große  klettern und sogar das  anschalten. Doch dann riecht Lena plötzlich . Ein  brennt auf dem !

Dort steht schon ein  mit

einem . „Hallo, ich bin 

Hendrik“, ruft er. „Ich habe das 

angezündet. Jetzt lösche ich es

mit .“ Da sieht Lena es auch.

Vorne am  ist ein besonders

dickes 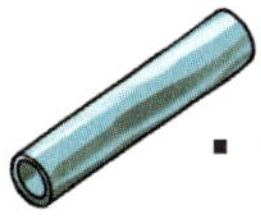. „Ich kann das  aber

nicht allein löschen“, sagt Hendrik.

„Ich brauche einen mutigen .“

Lena denkt kein bisschen nach.

„Geht auch eine ?“, ruft sie zurück. Alle lachen. „Natürlich“, antwortet der . Lena bekommt einen  aufgesetzt und dicke  an. Dann schlägt Hendrik mit der  ein  des  ein.

Lena hält solange den .

Nun sprühen Hendrik und Lena

los. Der  sieht aus wie 

und ist klebrig wie . Er

deckt das  zu. Das  kriegt

keine  mehr und geht aus.

Als das  gelöscht ist, klatschen alle. Zwei andere  legen um das  eine dicke  aus.

„So kann kein  in einen  oder  laufen“, erklärt Hendrik.

Lena nickt.

„Sonst kriegen die  und  keine  mehr.“ – „Genau“, sagt der  und schenkt Lena den . „Aus dir wird mal eine tolle !“, sagt er. Lenas  hüpft, so stolz ist sie!

Superhelden auf dem Wasser

Wenn Tim morgens aus dem  geht, rufen ihm seine  hinterher: „Papa, du bist unser !“ Tim ist , aber nicht mit . Er fährt mit seinem schnellen  den  auf und ab. Drei  sind immer bei ihm.

Einen  für  brauchen sie nicht. Sie haben ja das . Tim beobachtet den  mit dem . Plötzlich heult eine  los. Da! Ein  brennt! Sofort rasen die  mit dem  los.

Vor dem  wirft der 

die große  an. Sie saugt

das  aus dem . Das 

wird dann mit einer  auf

das  geschossen.

Die  richten die  auf einen brennenden . „Der  muss weiter nach links!“, ruft Tim in sein . Die  der  haben einen , damit alle alles hören.

Dann sieht Tim noch etwas: Auf

dem  stehen zwei .

Sie wollen das  mit 

löschen. Die haben doch viel zu

wenig ! Tim nimmt sein .

„In das !“, ruft er.

„Meine  schaffen das ohne euch!“ Tatsächlich hören die  auf Tim. Im  rudern sie bis zum . Dort klettern sie die  hoch. Schon bald ist das  gelöscht.

Die  bedanken sich bei Tim und den anderen . „Ihr seid wirklich !“, finden sie. Da lacht Tim. „Das sagen meine  auch immer!“

112, was ist denn schon dabei?

Leo und Lennart stehen am .

Mama ist zum  gegangen

und will ihnen  mitbringen.

Da sieht Leo plötzlich . Er

kommt aus einem  im 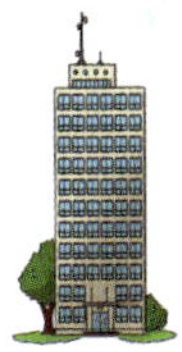

gegenüber. „Wir müssen die 

anrufen!“, ruft Leo.

22

Er überlegt nur kurz, dann fallen

ihm die 

wieder ein: „112 –

was ist denn schon dabei!“ Er läuft

zum  und wählt 112. „Ist da

die  ?“, fragt Leo aufgeregt.

Leo erzählt von dem . Danach

laufen die  zu dem 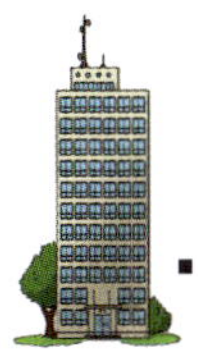. Auch

Mama kommt gerade wieder.

Sie drücken auf jede 

.

„Im 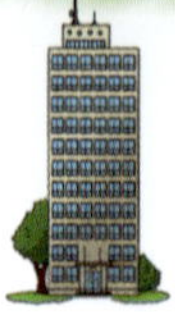 brennt es!“, rufen sie.

Zwei  und ein  kommen

herunter auf die . Kurz darauf

brausen die  und ein 

heran.

„Da ist noch ein alter  im  !“,

ruft Leo. „Er winkt da aus

dem  !“ Der  sieht ihn

nun auch. „Die  brennt,

also  ausfahren!“

Vorne an der  ist ein .

Darin steht eine . Mit einem 

rattert die  nach oben.

Als die  oben ist, klettert

der alte  mutig in den .

Dann fährt die  wieder nach

unten. Sonst ist niemand mehr

im . Alle auf der 

klatschen. Die anderen  haben

schon die  ausgerollt.

Das  spritzt. Bald ist das 

gelöscht. „Ihr seid sehr kluge und

mutige “, lobt ein .

„Klar“, antworten Leo und Lennart

wie aus einem .

„Wenn wir groß sind, wollen wir

nämlich unbedingt  werden!“

Mama lacht und klatscht in die 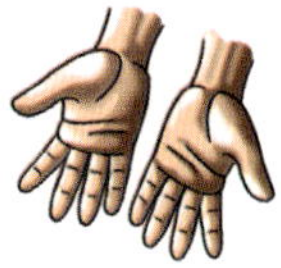:

„Jetzt gibt es  für alle 

und für meine !“

Die Wörter zu den Bildern:

Feuerwehrmann

Nacht

Feuerwehrleute

Feuerwache

Kaffee

Zugführer

Telefon

Fabrik

Feuerlöscher

Frau

Sirene

Stange

Garage

Treppe

Feuerwehrautos

Tanklöschfahrzeug

Blaulicht

Kleinlösch-
fahrzeug

Einsatzleit-
wagen

Zug

Reifen

Himmel

Rauch

Schlauch

Tank

Wasser

Badewannen

Tor

Vulkan

Axt

Sonne

Feuer

Mann

Eltern

Auto

Hof

Löschschaum

Rohr

Feuerwehrfrau

Helm

Handschuhe

Fenster

Zuckerwatte

Kaugummi

Luft

Plane

Teich

Gulli

Fische

Frösche

Herz

Haus

Kinder

Kanone

Superheld

Container

Löschboot

Strahl

Hafen

Funkgerät

Meer

Kopfhörer

Fernglas

Matrosen

Containerschiff

Eimer

Mechaniker

Megafon

Wasserpumpe

Rettungsboot

Leiter

Bäcker

Brezeln

Hochhaus

Feuerwehr

Zahlen

Jungen

Klingel

Frauen

Straße

Drehleiter-
fahrzeug

Drehleiter

Korb

Motor

Mund

Hände

Die ersten 20 Lebensjahre verbrachte THiLO in der Kinderecke der elterlichen Buchhandlung. Heute lebt er mit seiner Familie in Mainz und schreibt neben seinen Romanen auch Drehbücher fürs Fernsehen. Mehr über THiLO und seine Geschichten erfahrt ihr im Internet unter www.thilos-gute-seite.de.

Michael Böhm, 1974 in Dortmund geboren, lebt mit seiner Frau in Hamburg. Seit er ein kleiner Junge war, zeichnet er am liebsten alles, was Räder hat, und konnte das Hobby zum Beruf machen. In der Freizeit schraubt er auch gern an seinem alten Auto rum. Mehr über Michael Böhm erfahrt ihr unter www.digillani.de.

Mit Bildern lesen lernen

ISBN 978-3-7432-1519-1

ISBN 978-3-7432-1480-4

ISBN 978-3-7432-1503-0

ISBN 978-3-7432-1502-3

Loewe
Das will ich lesen!

Noch mehr Lesespaß!

ISBN 978-3-7432-1393-7

ISBN 978-3-7432-1421-7

ISBN 978-3-7432-1404-0

ISBN 978-3-7432-1420-0

Loewe
Das will ich lesen!